La Aventura Bíblica
de Ollie a Través de La Fe

Por
P.A. Nadesan

Ilustrado por
Jason Velázquez

La Aventura Bíblica de Ollie a Través de La Fe
©2022 P.A. Nadesan

Todos los derechos están reservados exclusivamente por el autor. El autor garantiza que todos los contenidos son originales y no infringen los derechos legales de ninguna otra persona o trabajo. Ninguna parte de este libro puede reproducirse, almacenarse en un sistema de recuperación o transmitirse de ninguna forma o por ningún medio sin el permiso expresado o por escrito del autor.

Impreso en los Estados Unidos de América
ISBN-13: 978-0-5782938-6-8
LCCN: 2022907319

TMP Publishing
Melbourne, Florida

Hola, soy Oliver pero me puedes decir Ollie. Tengo 7 años y me encanta aprender cosas nuevas acerca de Dios, ¿y a ti? ¿Por qué no aprendemos juntos?

¡Hoy descubrí que mamá tiene un bebé en su barriga! Ella lo llamó una palabra graciosa. Dijo que estaba embarazada. Yo pensaba que mamá estaría muy feliz pero la veo bien triste. ¿Será que su tristeza sea por el embarazo?

Fui a preguntarle a papá porque quería saber qué estaba mal. Me dijo que todos deberíamos ir a acostarnos y orar porque ya había llegado la hora de dormir. Ellos me dijeron que hablarían conmigo mañana. Así que, cuando oré también le pedí a Dios que hiciera feliz a mamá otra vez.

Antes de dormir, así es que oro. ¡Dilo conmigo! Ahora me acuesto a dormir, le pido a Dios que guarde mi alma, que sus ángeles me cuiden en la noche y me despierten con la luz de la mañana.

Mientras todos dormían, Ollie comenzó a soñar. Comenzó a ver muchas nubes y el cielo estaba maravillosamente color azul. De repente escuchó a alguien hablando detrás de él. Las palabras salían del hombre con las alas blancas grandes.

"¿Quién eres tú?, le pregunta Ollie.

"Soy un ángel. Estoy aquí para hacer que tu mamá esté feliz otra vez. Primero quiero enseñarte algo."

Ollie toma la mano del ángel y siente mucho gozo y afecto. El ángel camina con Ollie y lo lleva a una nube esponjosa. Parece un malvavisco gigante.

"Antes de explicarte por qué tu mamá está triste, tengo que enseñarte la historia de una mujer que ocurrió hace muchos años atrás," le dijo el ángel.

"Esta es Laura. Ella es la mamá de tres hijos."

"¡Wow, ella es muy bonita!"

El ángel se comienza a reír y le dice: "Si, verdaderamente lo es. Pero Laura, así como tu mamá, tiene un bebé en su barriga."

"¡Oh! Ollie exclamó. "¡Eso significa que está embarazada!"

"Si, muy bien. Aprendes muy rápido," le dijo el ángel.

"Así que, como puedes ver ella está cargando su cuarto bebé, pero ella está enferma. Esto le está causando que pierda su cabello y sus fuerzas."

"¿Y por qué Dios no se lleva su enfermedad?" le pregunta Ollie.

"Lo que pasa es que si Dios hace eso, ella no aprenderá la lección que él quiere enseñarle."

"¿Y cuál lección es esa ángel?"

El ángel le respondió: "la lección de la fe.

"¿Y qué es la fe?, le preguntó Ollie.

"Bueno, de acuerdo a la palabra de Dios, la fe es la certeza de lo que se espera y la convicción de lo que no se ve. Esto significa que aunque no puedas ver a Dios o tocarlo como haces con tu familia, puedes confiar en él para que te ayude a través de todas las cosas."

Ollie mira muy confundido al ángel.

Riéndose el ángel dice: "¿por qué mejor no te lo muestro?"

"Cuando Laura tenía cuatro meses de embarazo se asustó mucho porque el la bebé no se estaba moviendo. Laura y su tía comenzaron a orar muy fuerte. Después de siete minutos la bebé comenzó a moverse nuevamente. Laura sabía que Dios siempre protegería a aquellos que son fieles a él. Sin embargo, Dios tenía una prueba más."

"Vamos a ver aquí cuando Laura estaba con su doctor. Él le está pidiendo a ella que no tenga a la bebé y que se salve a ella misma. Muchas personas en su familia le han dicho lo mismo. Laura está triste porque siente que debe decidir en la mejor alternativa."

"Laura decide que no importando que pueda pasar, ella iba a tener a su bebé porque Dios la ha bendecido con este embarazo. Mira ahora como le pide a todos los que ella conoce que por favor oren por ella."

"Todos los días Laura le pedía a Dios que mantuviera su bebé con vida aunque ella no tuviera la oportunidad de conocerla. Ella decidió que había vivido lo suficiente y deseaba darle una oportunidad de vida a esta bebé." "Dios escuchó todas sus oraciones, en especial las de Laura. Su fe fue tan fuerte que Dios decidió bendecirla con la fuerza para mantener la bebé saludable."

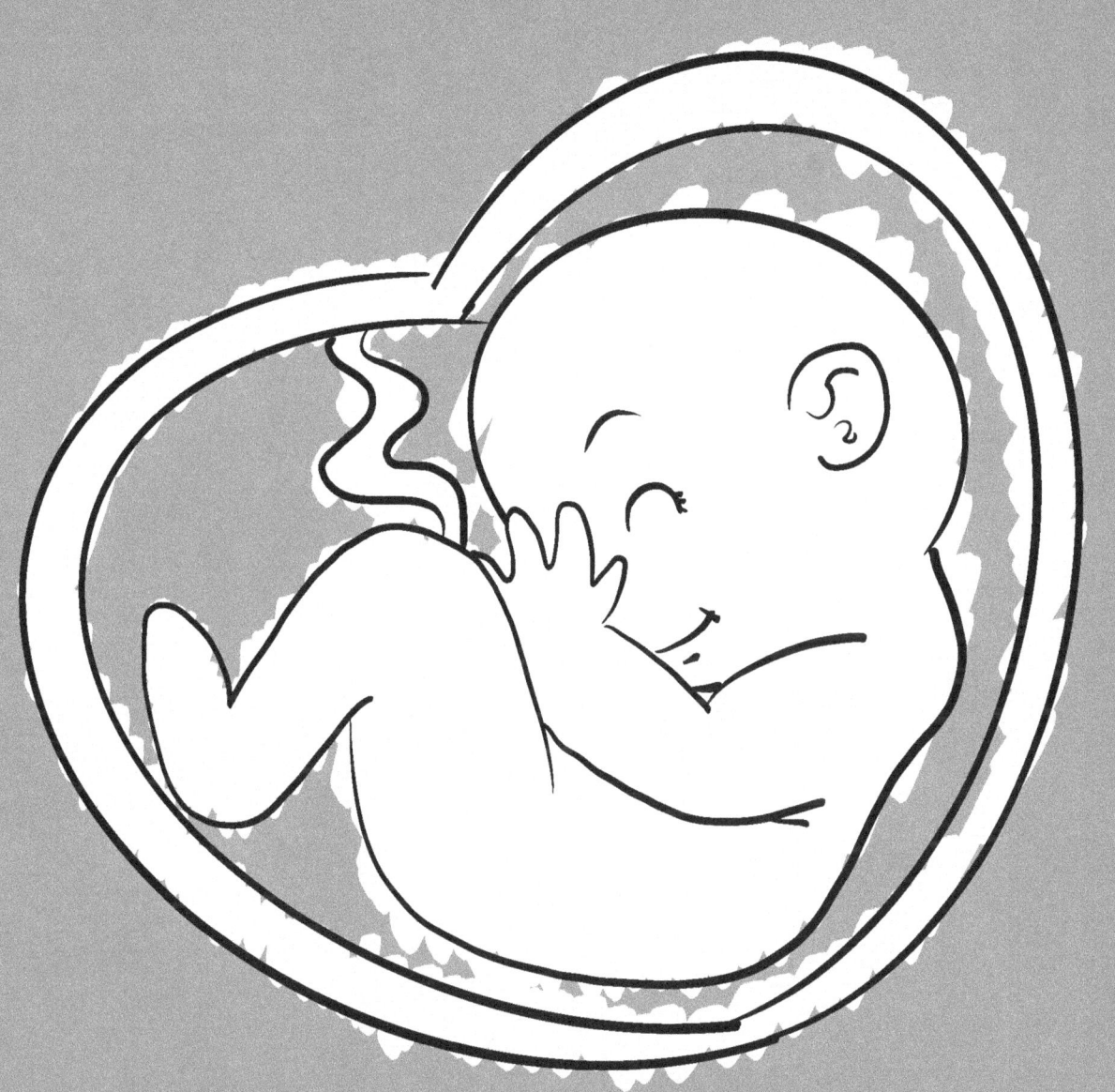

"Cuando la bebé de Laura nació, Laura seguía muy enferma. Aun cuando la niña de Laura cumplió su primer añito, ella seguía luchando con su enfermedad. Laura le oró al Señor con toda su fuerza y con toda su fe."

"En esta ocasión ella le pedía a Dios que le diera la oportunidad de vivir hasta que su niña tuviera trece años para poder guiarla hasta que tuviera la edad suficiente para reconocer entre el bien y el mal. Lo suficientemente grande para saber cómo cuidarse a sí misma. Él la bendijo grandemente por su fe en él de tal manera que le dio la oportunidad de vivir y ver a sus nietos."

"¡Wow! dijo Ollie. "¿así que ella tuvo mucho fe y supo que Dios se encargaría de todo y por eso Dios la bendijo?"

"¡Si! Le dijo el ángel.

"¡Espera! ¿Cómo se llamaba esa bebé? Nunca me dijiste."

"Bueno Ollie, que bueno que me preguntas. Esa niña creció y así es que se ve ahora."

"¡Oye, esa es mi mamá!," gritó Ollie. "Eso significa que esa historia es de mi abuela Laura?"

"Si Ollie. Esa es tu abuela Laura. Su bebé era tu mamá y tú eres el nieto de Laura. Tu mamá no está triste porque está embarazada, está triste porque el doctor le dijo que el bebé lo más probable no sobreviviría."

"Pero mamá debe seguir la historia de abuela Laura y tener la fe que Dios la ayudará," exclamó Ollie.

"Eso es correcto, y aunque tu mamá ha estado orando, ella sigue muy triste. Para que tu mamá vuelva a estar feliz solamente debes decirle lo que la palabra de Dios te ha enseñado."

A la mañana siguiente, Ollie despertó y corrió a la habitación de sus padres y comenzó a dar saltos en la cama diciendo con mucha emoción: "Mamita, yo sé porqué estás triste. Mi amigo el ángel dijo que siempre recuerdes que la fe es la certeza de lo que se espera y la convicción de lo que no se ve."

"¡Mi hermanito estará bien. Solamente debemos tener fe en Dios!"

La mamá y el papá lo abrazaron fuertemente y derramaron lágrimas de gozo porque sabían que Dios escuchó sus oraciones y que todo estaría bien.

Una ayuda de parte del ángel

¿Sabías que esta historia está basada en la palabra de Dios? ¡Eso es correcto! Si tienes una Biblia o si tu mamá y papá tienen una, puedes verla en el libro de Hebreos, capítulo once y versículo uno (Hebreos 11:1). Lo dice de la siguiente manera:

"Es, pues, la fe la certeza de lo que se espera, la convicción de lo que no se ve."

En otras palabras, la fe es cuando confiamos en Dios con todo nuestro corazón aunque no lo podamos ver.

Hay otras palabras que hemos usado en esta hermosa historia que tal vez no habías escuchado. Son las siguientes:

Embarazada – es cuando una mamá tiene un bebé en su barriga

Embarazo – es el tiempo donde el bebé permanece en la barriga de mamá hasta que nace.

www.ingramcontent.com/pod-product-compliance
Lightning Source LLC
Chambersburg PA
CBHW061808290426
44109CB00031B/2967